MÉTHODE DE LECTURE

DE

PRONONCIATION ET D'ORTHOGRAPHE

PAR

L.-C. MICHEL,

ANCIEN PROFESSEUR.

Ouvrage approuvé par le Conseil de l'instruction publique

EDITION ILLUSTRÉE

D'UN GRAND NOMBRE DE VIGNETTES

DESTINÉES A FACILITER LA CONNAISSANCE ALPHABÉTIQUE
EN RATTACHANT LE SON ET LA VALEUR DE CHAQUE LETTRE
AU NOM D'UN OBJET REPRÉSENTÉ

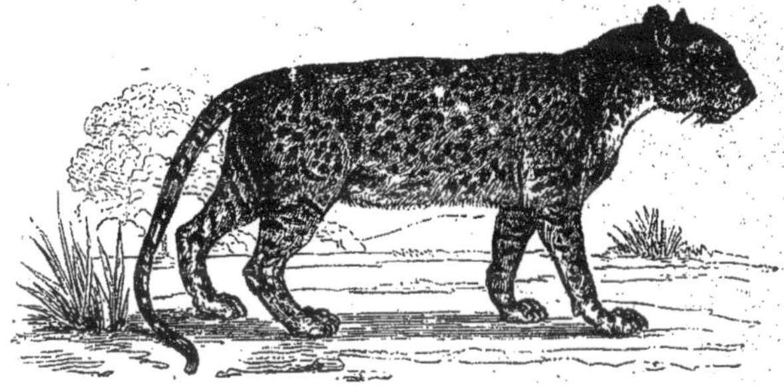

PARIS

THÉODORE LEFÈVRE, ÉDITEUR,

SUCCESSEUR DE J. LANGLUMÉ,

RUE DES POITEVINS, 2.

MÉTHODE

DE LECTURE

PAR

L.-C. MICHEL.

PARIS. — IMPRIMERIE DE E. DONNAUD
RUE CASSETTE, 9.

MÉTHODE
DE LECTURE

DE

PRONONCIATION ET D'ORTHOGRAPHE

PAR

L.-C. MICHEL,

ANCIEN PROFESSEUR.

Ouvrage approuvé par le Conseil de l'instruction publique

ÉDITION ILLUSTRÉE

D'UN GRAND NOMBRE DE VIGNETTES

DESTINÉES A FACILITER LA CONNAISSANCE ALPHABÉTIQUE
EN RATTACHANT LE SON ET LA VALEUR DE CHAQUE LETTRE
AU NOM D'UN OBJET REPRÉSENTÉ

PARIS

THÉODORE LEFÈVRE, ÉDITEUR,

SUCCESSEUR DE J. LANGLUMÉ,

RUE DES POITEVINS, 2.

1863

MÉTHODE
DE
LECTURE ET DE PRONONCIATION

PAR L.-C. MICHEL.

1re CLASSE.

(Voyelles et consonnes simples.)

PREMIÈRE LEÇON.

A CHAT. a

I

a i e

p pa pi pe

NOTA. — Les Maîtres auront soin de consulter, sur la marche des leçons et les procédés à suivre, les directions contenues pour chaque leçon dans le *Livre* ou le *guide du Maître*.

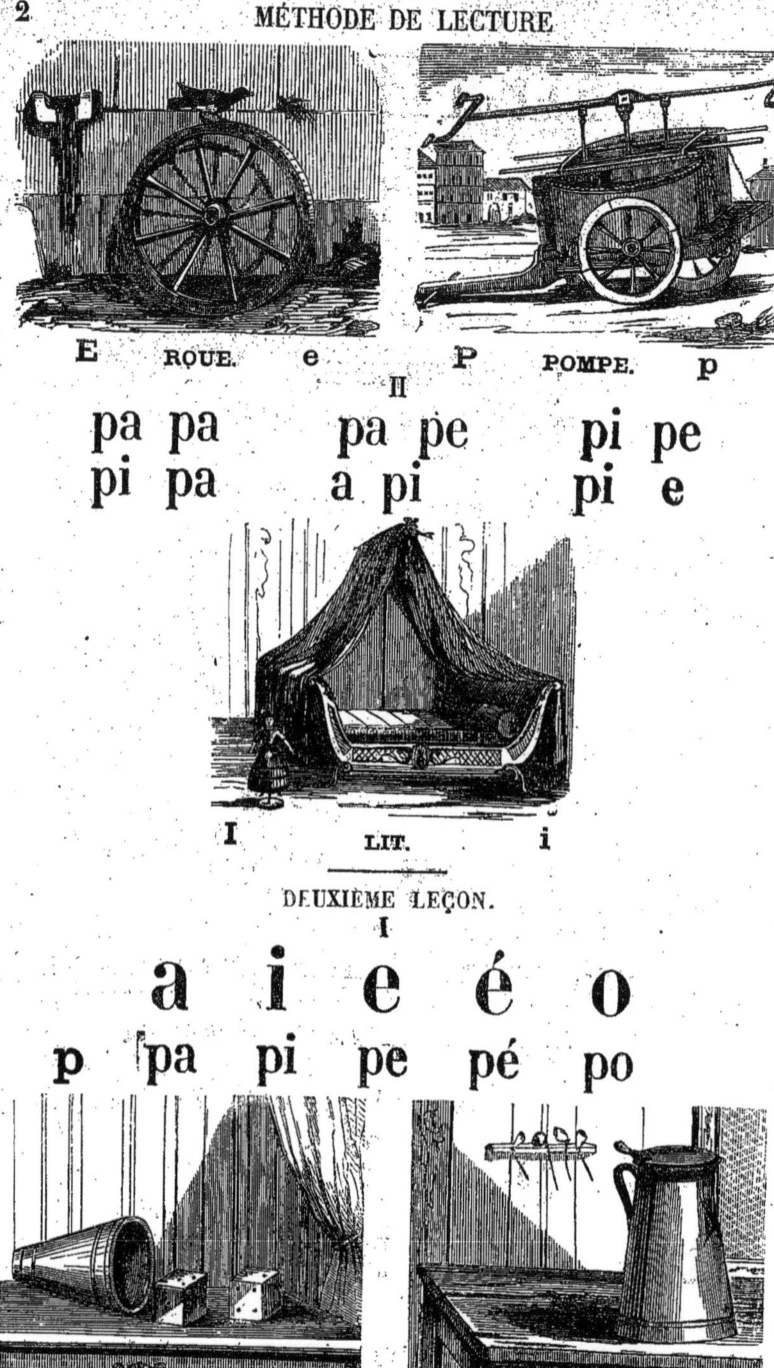

E ROUE. e

P POMPE. p

II

pa pa pa pe pi pe

pi pa a pi pi e

I LIT. i

DEUXIÈME LEÇON.

I

a i e é o

p pa pi pe pé po

E DÉS. é

O POT. o

II

é pi pi pe é pé e é pi é
pi pé po pe pé pi e é po pé e

TROISIÈME LEÇON.

R PANTHÈRE. r

I

a i e é o

p	pa	pi	pe	pé	po
r	ra	ri	re	ré	ro

II

a re ra pe o pé ra pé ri ra
ri re pa ri ré pa re ra pe ra
ra re po re o pé ré ré pa ré

QUATRIÈME LEÇON.

a i e é o è u

p	pa	pi	pe	pé	po	pè	pu
r	ra	ri	re	ré	ro	rè	ru

U BUT. u

è re	ru e	o pé ré	râ pu re
pè re	re pu	ré pa re	re pa ru
pu re	ra pé	pa ru re	pa re ra
po re	pi re	o pé ra	é pu ré

E CHALET. è

CINQUIÈME LEÇON.

	a	e	i	o	u	é	è
p	pa	pe	pi	po	pu	pé	pè
r	ra	re	ri	ro	ru	ré	rè
m	ma	me	mi	mo	mu	mé	mè

a mi	mè re	mo mi e	a mè re
é mu	ma ri	mé ro pe	mo ru e
mi me	ma re	re mu é	ma ri é
ra me	mu ré	o pi me	mo me ri e
ri me	mi re	a mi e	ra me ra

M LIME. m

SIXIÈME LEÇON.

L MULE. l D DINDE. d

	a	e	é	è	i	o	u
l	la	le	lé	lè	li	lo	lu
r	ra	re	ré	rè	ri	ro	ru
m	ma	me	mé	mè	mi	mo	mu
d	da	de	dé	dè	di	do	du

de mi	mo de	i do le	dé mo li
la me	ri de	mo dè le	ra pi de
di re	du pe	a do re	mo ra le
li é	do ré	dé li re	do ru re
li me	ru de	mé di re	ma dè re

---

la mu le du pa pe — la pi pe de pa pa
la ra me do ré e — la da me pa ré e
la pa ro le du re — la li me ru de
la pi lu le a mè re — la ma la de dé li re
la la me po li e — la ru e dé mo li e
la mo ra le pu re — la mè re a do ré e

SEPTIÈME LEÇON.

B BOMBE. b

I

	a	e	é	è	i	o	u
b	ba	be	bé	bè	bi	bo	bu
f	fa	fe	fé	fè	fi	fo	fu

F CERF. f

II

fu me	bo a	o bé i	a bo li
fa de	lo be	o bo le	pa ra de
fi le	dé fi	fi dè le	dé ro be
bu re	fo ré	fi le ra	re mu e
ro be	fe ra	mo bi le	fé ru le
bi le	fè lé	a ra be	fu ri e
pè le	ra de	ma la de	pa ro le

III

le bo a re mu e — la pi lu le fa de
la mu le a bu — la pa ra de dé fi le
la pi pe fu me — la pa ro le fi dè le
la ro be de bu re — ma mè re a fi lé
la mo de a bo li e — mo dè re la fo li e
la fé e li bé ra le — o bo le dé ro bé e

HUITIÈME LEÇON.

I

N ANE. n  T TENTE. t

	o	e	é	è	i	o	u
n	na	ne	né	nè	ni	no	nu
t	ta	te	té	tè	ti	to	tu
d	da	de	dé	dè	di	do	du
l	la	le	lé	lè	li	lo	lu
b	ba	be	bé	bè	bi	bo	bu
f	fa	fe	fé	fè	fi	fo	fu

II

fi ni	ta ri	pi lo te	la mi né
lu ne	mè ne	pa tè ne	ré u ni
ta pe	di te	fa mi ne	la ti ne
é té	pu ni	fa ri ne	dé ri de
no te	te nu	pa ta te	ba di ne

III

de la fi ne fa ri ne — le ti mi de pi lo te — u ne fi dé li té ra re — mo dè re ta té mé ri té — u ne a mi e fi dè le — le pè re de la na tu re — la pa ra bo le mé di té e — u ne mi ne dé ri dé e — la fa mi ne fi ni ra.

NEUVIÈME LEÇON.

I

E SINGE. e  S OURS. S

	a	e	é	è	i	o	u
j	ja	je	jé	jè	ji	jo	ju
s	sa	se	sé	sè	si	so	su
p	pa	pe	pé	pè	pi	po	pu
r	ra	re	ré	rè	ri	ro	ru
m	ma	me	mé	mè	mi	mo	mu

II

jo li	ju pe	ju ju be	so no re
sa lé	se ra	so li de	sé pa re
je té	sa li	sa le té	tu li pe
se mé	je ta	jo li e	sa ti né
ju re	ja pe	ta pe ra	re je té
so fa	si te	na tu re	sa li ra

III

la pa ro le ju ré e — je te sa lu e — sa le la sa la de — le so pha se sa li ra — u ne jo li e ma ti né e — i mi te la sé ré ni té de ta mè re — je te ti re de la so li tu de — la pe ti te Ju li e a dé jà sa li sa ju pe.

DIXIÈME LEÇON.

I

V ZOUAVE. V

S ÉGLISE. S

	a	e	é	è	i	o	u
v	va	ve	vé	vè	vi	vo	vu
z	za	ze	zé	zè	zi	zo	zu
j	ja	je	jé	jè	ji	jo	ju
s	sa	se	sé	sè	si	so	su

II

vi ve	ra ve	to pa ze	mé lè ze
zè le	vi de	a va re	zi za ni e
la ve	rê ve	vo lu me	va ri é té

zé ro sé ve va ni té zé lé e
fè ve zé bu sa li ve vi ro le

III

la lu ne se lè ve — vé nè re ta mè re — la ra me du na vi re — la va ni té se ra pu ni e — la zi za ni e a é té se mé e — la du re té de la to pa ze — la vu e de la ri ve te ra vi ra — le zè le de la vé ri té — é vi te le pa vé sa le de la ru e — u ne so li de ja ve li ne.

ONZIÈME LEÇON.

I

C COQ. C

			a	e	é	è	i	o	u
c			ca					co	cu
g			ga					go	gu
m	l	n	ma	me	lé	lè	ni	no	mu
r	f	t	ra	re	fé	fè	ti	to	ru
b	p	d	ba	be	pé	pè	di	do	bu

II

G ZIGZAG. g

ca ve	ga lè re	ri di cu le
ga re	é co le	co lo ri é
cu ré	ga lo pe	ga le ri e
go be	co lo ré	ca ra co le
cu ve	é ga ré	ca ma ra de
ga ze	re cu le	dé fi gu ré

III

la cu ve vi de — go be la pi lu le — la ca le du na vi re — u ne fi gu re co lo ri é e — la ca po te de ga ze — la ca va le ga lo pe — u ne é co le mo dè le — le ca lo ri fè re de la ca ve — u ne a ma zo ne ca ra co le — u ne ca ri ca tu re ri di cu le —la re vu e de la ca va le ri e— la ri go le de la ru e— le zè le du cu ré— la ca pi ta le de l'I ta li e — la mu le é ga ré e — la ga lè ri e ré pa ré e.

LETTRES MAJUSCULES.

DOUZIÈME LEÇON.

I et II

a e é è i o u
A E É È I O U

A dè le, É mi le, I da, O zé e, U ra ni e,
A mé dé e, É o le, I du mé e, U ri e,
A ra bi e, É mi li e, I ta li e, O na te,
A li ne, È ve,

b c d f	Bo ré e, Ba de, Ca na da, Ca ro li ne
B C D F	Da nu be, Dé da le, Fi ga ro, Fè ve,
g j l m	Ga za, Go lo, Ju li e, Ju dé e,
G J L M	Li ma, Lé o ni e, Ma ri e, Ma la ga,
n p r s	No vi, Na ni ne, Pi la te, Pa vi e,
N P R S	Ro me, Re né, Sa ra, Su ze, Sa bi ne,
t v z	Ti vo li, Va lé ri e, Vé ro ne, Tul li e,
T V Z	Zé li e, Zo é, To lè de, Zo pi re,

III

VÉ NÈ RE TA MÈ RE — I MI TE SA PI É TÉ — LE ZÈ LE A NI ME — LA CO LÈ RE É GA RE — JE RÉ PA RE SA FO LI E — LE CU RÉ BÉ NI RA LE NA VI RE — LA VA NI TÉ SE RA PU NI E — CO PI E LE MO DÈ LE — LA VÉ RI TÉ A É TÉ DI TE.

IIe CLASSE.

(Consonnes et voyelles composées. Diphthongues, etc.)

PREMIÈRE LEÇON.

GN CYGNE. gn

a e é è i o u

ch cha che ché chè chi cho chu

gn gna gne gné gnè gni gno gnu

CH VACHE. ch

co che ru che di gne cha ri té

rè gne ch ère ga gné cha cu ne

si gne ro che ni che i gno re

ca ché chi che ro gné che ve lu
ri che lé ché li gne chi mè re
pé ché co que va che ma chi ne
ba gne sè che mè che ré pu gne

III

I gno re le pé ché — Si gne ta co pi e — A chè ve ta li gne — La bi che se ca che — Le co che che mi ne — Le ca ni che lè che — Je ga gne ma vi e — U ne mè re ché ri e — U ne ro be ta ché e — La cha ri té du di gne cu ré — La mi ne re chi gné e.

DEUXIÈME LEÇON.

I

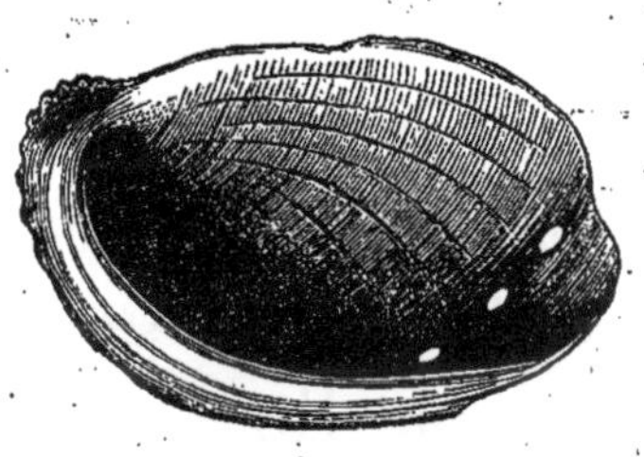

Ill COQUILLE. ill

a e é è i o u

ch cha che ché chè chi cho chu
gn gna gne gné gnè gni gno gnu
ill illa ille illé illè illi illo illu

II

ma ille	ba ta ille	ra ille ra
fa illi	sa illi e	cu ille ré e
ta illa	fa illi te	é ra illé
ba illi	ca na ille	cha ma ille
ca ille	se ma ille	mé da ille
pa ille	ri co che	ré pu gne

ILLE LA CAILLE. ille

III

Une ba ta ill e ga gné e — U ne ma ille dé chi ré e — U ne fi ne sa illi e — U ne fa illi te ré pa ré e — Le ba illi a si gné — No é a ta illé la vi gne — La va che a dé vo ré la pa ille — La ca na ille se cha ma ille — Ta ra ille ri e a fâ ché ma mè re — La ca ille a re ga gné le mi di —L'a mi, l'é pi, l'i do le, l'o de, l'u ti le. —J'a do re, j'é tu di e, j'i gno re, j'o pè re.

TROISIÈME LEÇON.

I

EU JEU. eu OU LOUP. ou

eu **ou**

peu	feu	cheu	vou	nou	chou
seu	jeu	gneu	fou	lou	illou
deu	meu	illou	tou	dou	jou

II

jeu di	mou che	ma jeu re
jou jou	che veu	sou illu re
meu le	feu ille	cha tou illé
pou le	bou illi	mi neu re
lou ve	fou illé	ga zou ille
seu le	a veu	dé pou illé

III

La mou che du co che — La feu ille du chou — Le jeu de bou le — Une jeu ne pou le — La sou pe a bou illi — La fou le se mou ille — Le feu a ja illi du ca illou — La rou e de la ma chi ne se rou ille — Le fou re dou te peu le feu — U ne lou ve fa rou che — U ne seu le ta che l'a sou illé — Le jou jou d'A dè le — L'a veu d'u ne a mi e — à de là, où d'où — Où va le fou.

QUATRIÈME LEÇON.

I

AN LE VAN. an ON PONT. on

an in on un

na ni no nu

pan chin min jon zon lun
gan tin gnin illon chon vun
chan fin bin bon mon cun

II

ma man on de An to nin
cha cun no te na tu re

bou illon	chan son	in fi ni
pin son	alun	ni ni ve
lun di	mi gnon	dé fun te
pan tin	din don	dé nu dé

III

IN PANTIN. **in**

UN UN. **un**

Le son d'un vi o lon in vi te cha cun à la dan se — Le pin son chan te de bon ma tin — Le feu du sa pin du re peu — Ma man de man de son pe lo ton — Mon pan ta lon se ra fi ni lun di — On a ton du mon mou ton — Fan chon chan te u ne chan son — Un la pin se ré ga le de la feu ille du chou — Un mou che ron se jou e du li on — L'on de, l'an se, l'In de, l'u ni té.

CINQUIÈME LEÇON.

I

IEN CHIEN. ien OI OIE. o i

ia, ié, iè, io, ieu, ian ien, (*i in*) ion, oi (*oa*), oin, oui, uè, ui

II

dieu	chien	pia no	fio le
pion	mien	pié ton	tiè de
bien	roi	vian de	é pieu
lui	lieu	Suè de	é tui
moi	pi tié	té moin	poin te

III

A do re Dieu — Le roi a o bé i à la loi — L'a mi tié se ra mon sou tien — U ne ta ba tière d'i voi re m'a é té vo lé e à la foi re — Le chien a sui vi la voi tu re — U ne voi le de toi le noi re — Pio che bien la vi gne — La soi ré e s'é cou le — A dieu — Le foin se cou pe à la fin de juin — Vi de le vin tiè de de la fi ole

—Je m'é loi gne du coin du feu —Ma mè re a bien soin de son pia no —Mon se rin a fui de la vo liè re — L'ou ra gan a sou le vé la tui le du coin de la toi tu re —L'é pi d'a voi ne —La foi t'a ni me.

SIXIÈME LEÇON.

I et II

GL AIGLE. **gl**

bl	blé	blan che	sa ble	blon de
cl	clou	clo che	bou clé	dé clin
fl	flan	flo re	fleu ve	gon flé
gl	glu	glou ton	gloi re	glan de
pl	pli	plu me	peu ple	plan te
br	brin	bran che	bri be	bron ze
cr	cri	cri ble	croi re	lu cre
dr	dru	ca dran	ca dre	man drin
fr	frè re	fron de	fri re	fran che
gr	gré	gran de	gra ve	gri ve

pr prou pri me pro be pra li ne
tr trou prê tre trin gle cloî tre
vr lè vre cou vre vi vre che vron

VR CHÈVRE. **vr**

III

J'ou vre la fe nê tre — La plan che a été cri blé e — Un trou d'épin gle — Mon frère a ou bli é sa fa ble — Ta pro pre té a plu à no tre mè re — L'i vro gne ri e rui ne la san té — La so bri é té a ré ta bli no tre on cle — La trui te pré fè re un fleu ve ra pi de — Je trou ve vo tre plu me bien ta illé e — U ne poi tri ne é troi te

---

SEPTIÈME LEÇON.

I et II

mn pn Mné mon pneu mo ni e
ps pt pso ra le Pto lé mé e
sb sp sbi re spi ra le spa tu le
sc scr sca pin scri be scru té
st str sta ble stri é sto re

cs x a xe ri xe lu xe se xe
gz x é xi lé é xo de é xa mi ne

III

X RIXE X

Une pneu mo ni e a rui né sa san té — Sca pin se ra ille de Sca ra mou che — On a é le vé une sta tu e à Pto lé mé e — Scru te ta con dui te — É vi te le scan da le — Le sbi re a spo li é la veu ve du scri be — Dieu a fi x é l'a xe du mon de — Le scan da le de ton lu xe in di gne la fou le — L'e xi lé a vé cu loin de sa pa tri e — E xa mine la spi ra le de la mon tre — — L'a mi tié de Dieu se ra seu le sta ble — Un cri me e xé cra ble a dé pou illé mon on cle de son pa tri moi ne

---

HUITIÈME LEÇON.

(Syllabes consonnantes).

AL LE CHEVAL. al

	a	e	i	o	u	eu	ou
b	ab	eb	ib	ob	ub	eub	oub
	ba	be	bi	bo	bu	beu	bou
c	ac	ec	ic	oc	uc	euc	ouc
	ca			co	cu		cou
d	ad	ed	id	od	ud	eud	oud
	da	de	di	do	du	deu	dou
f	af	ef	if	of	uf	euf	ouf
	fa	fe	fi	fo	fu	feu	fou
g	ag	eg	ig	og	ug	eug	oug
	ga			go	gu		gou
l	al	ul	il	ol	ul	eul	oul
	la	le	li	lo	lu	leu	lou
p	ap	ep	ip	op	up	eup	oup
	pa	pe	pi	po	pu	peu	pou

r ar er ir or ur eur our
ra re ri ro ru reu rou

s as es is os us eus ous
sa se si so su seu sou

t at et it ot ut eut out
ta te ti to tu teu tou

ill ail eil il oil euil ouil
illa ille illi illo illeu illou

m-x am em im om; ax ex ix
ma me mi mo xa xe xi
ans ins ons oif oir
san sin son foi roi

NEUVIÈME LEÇON.

(Syllabes consonnantes, exercices).

Mots.

b Job Mo ab Ca leb Ab sa lon ob te nir.

c lac bec tic soc duc bouc bac sec.

d Gad sud Da vid O bed ad mi re.

f chef vif veuf tuf soif neuf if.

g drag me fleg me dog me stig ma te.

l val bel seul mil vol nul coul pe.

p cap ju lep dip tè re op ta tif ap ti tu de.

r char mer cha sseur cor four noir.

EUR CHASSEUR. eur

s as os es poir dis pu te pos tu re.

t-ill at las net ut a co nit — ail deuil ver meil poi trail fe nouil.

m-x Siam Sem Selim om ni bus — si lex A jax o nix ex tir pe.

ans-ins-ons trans pi re ins pec te.

oif-oir mons tre es poir soif noir.

Pros pec tus cap tif or teil dic ta teur fier té re lief cuis tre mix te cons truc-teur per ver tir ins tinc tif rec teur par loir. Rien n'a pu al té rer le cal me de Job — Le sud du lac se ra à sec — J'ad mi re le fleg me de ma mè re — Le bouc brou te la feu ille de l'if — On a ob te nu du suc de la chi co rée un re mède ac tif — Ed gar a dé chi ré son pan ta lon neuf — Le roc a sou te nu le choc de la ca ta-ra cte.

DIXIÈME LEÇON.

(Voyelles longues, doubles consonnes.)

Syllabes et mots.

a e o eu — i u ou

â ê ô eû — î û oû

pa tin pâ te pé ché pê che
no te cô te jeu di jeû ne
vi te gî te rou te voû te

---

bb ff ab bé grif fe af fron te
cc ll a ccou dé co llé ma lle.
mm nn fla mme bo nne ca nne.
pp rr ca rré na ppe cha rron
ss tt bo tte cha sse a tta ché

Ra bbin j'a ccro che bou ffon i lli mi té sa lle co mmo de li o nne a nno té griffo nné tra ppe a ppro che ma rron i rri té gro sse a ssi du bo tte a cca blé câ ble je do nne le prê tre un mè tre le prô ne la tte a tti re a rri ve o ccul te a fflu e.

Phrases.

Le dô me do mi ne la voû te — La mû re mû ri ra con tre la mu ra ille — La jeu ne Ma ri e jeû ne — Lé on a fi ni sa tâ che — A dè le a u ne ta che à sa ro be — Le mâtin rô de le ma tin — La pa tte de la cha tte a tou ché la pâ te — La co tte de la fo lle se dé chi re sur le cô té — J'ô te ma bo tte — Le bû che ron do nne la for me d'un cô ne à sa ca ba ne — Le sou ve nir du jus te se ra i mmor tel. — Le pol tron a peur d'un fan tô me. — U ne o deur mê me bo nne in co mmo de un ma la de. — L'abbé t'in ter di ra de fran chir le seuil du mo nas tè re. — Le son du cor a i rri té le bu ffle.

ONZIÈME LEÇON.

(Exercices récapitulatifs et lettres italiques).

Voyelles simples.

A E É È I O U
a e é è i o u

Voyelles composées et nasales.

EU OU — AN IN ON UN
eu ou — an in on un

Consonnes simples.

B C D F G J L M N P R S T V Z
b c d f g j l m n p r s t v z

Consonnes composées.

CH GN ILL X — ch gn ill x

Mots.

Sou ffran te go mme i do lâ tre
a pô tre prê tre cloî tre O reb
a men sub jonc tif es car pé Sem
Jo ram cons pi ra teur ver tu
ex ter mi né fief psal mo di e
stric te des truc teur ob te nir
a ro me so mme bou ffo nne le

pâ tre la pa tri e âne Su za nne
po mme fan tô me cou rro ie
co nné ta ble a ttrac tif.

Phrases.

***R**es pec te la ver tu du jus te — Le lac dé-bor dé i non de la fer me du cul ti va teur — La mul ti tu de va cou rir à sa per te—L'ar-tis te es pè re ob te nir une mé dai lle d'or — Je pré fè re le fe nouil à l'ail — Le noir se por te pour si gne de deuil — J'ad mi re le cal me du soir – L'a mi ral a pu voir fuir le pi ra te — On é vi te un ca rac tère fier — Le fac teur ru ral por te un sac de cuir noir — La mer o ffre un spec ta cle d'u ne é to nnan te gran deur — La fou dre a fra-ppé la tê te du chê ne – Le ca lom ni a teur sou ffle la dis cor de—L'é tour di a ca ssé sa ta sse.*

IIIᵉ CLASSE.

(Équivalents des consonnes et des voyelles.)

PREMIÈRE LEÇON.

c = qu k ch

devant *a o u* ca non, co con, cu ré.
an on un can ton, con te, cha cun.

qu devant	*e i*	pi que,	qui tté,	quê te.
	eu in	li queur,	pi qué,	quin ze.
k	dans quelques mots étrangers.	mo ka,	kios que,	ki lo.
ch		Zu rich,	Cha naan,	orchestre

KIOSQUE.

L'é pin gle pi que. — Le ca nif cou pe. — Re mar que le co quin qui a es cro qué l'é cu du cul ti va teur. — Quel tris te spec- ta cle qu'un frè re qui at ta que son frè re. — Un ton mo queur pro vo que la que- re lle. — Le pou voir ar chi é pis co pal a ex co mmu ni é le cou pa ble.

La rou e a cho qué la bor ne du quin ziè- me ki lo mè tre. — On es ti me l'é to ffe de co ton que l'on fa bri que à Nan kin. — Le ca fé mo ka a u ne qua li té su pé ri eu re.

L'A mé ri que a dû à Fran klin la con- quê te de sa li ber té. — Le ca non a trou é la co que de l'es quif. — É cou te l'é cho

qui ré pè te la fi na le du can tique de l'a na cho rè te.

DEUXIÈME LEÇON.

G = gu

G *a o u* gar de, go mme, con ti gu.
gu devant *e é i* dro gue, gué ri te, gui de.
eu in lan gueur, san guin.

F ph

F fou le, fa ble, fi gue, fan fa ron.
ph pro phè te, Phi li ppe, phos phore.

ÉLÉPHANT.

Le dra gon gar de la gué ri te. — Goû te la fi gue que ta gou ver nan te a gar dé e pour toi. — Di mi nu e la lon gueur de la guir-lan de. — Le re mè de gué ri ra le ma la de de sa lan gueur. — L'or ga nis te a par cou ru tou te la ga mme de l'or gue. — Le droguis te a a che té de la go mme a ra bi que. — La lu miè re gui de sur le gol fe l'é-lé gan te ga lè re.—Chris to phe é tu di e la sphè re.—Le pho que re dou te la gueu le du re quin. — Le blas phè me a tti re la co lè re de Dieu sur le blas phé ma teur. *Le pi queur a dé gar ni le mé tal de sa gan gue. — Le Christ a gué ri l'a veu gle de Jé ri cho. — Le pro phè te a lla a ver tir Pha ra on de la ca tas tro phe.*

TROISIÈME LEÇON.

j = g ge

j			jar gon,	jou jou,	ju ju be.
g	devant	*e é è i*	ge nou,	gi vre,	gé ni e.
ge	devant	*a o u*	ron gea,	pi geon,	ga geu re.

z = s

Z	ga ze,	zè le,	on ze,	bronze.
*s**	ru se,	poi son,	bi se,	rasoir.

---

* Entre deux voyelles.

Vo tre jo li e chan son a bré ge la longueur du che min. — J'é vi te un lan ga ge guin dé. — Le gé né ral a ga gné sa ga geu re. — Il a jou é un jeu d'é tour di. — Qu'il a été un gui de sa ge l'an ge con duc teur du jeu ne To bi e. — Gré goi re a gar ni la man geoi re de la ca ge de son pi geon. — L'ar ti san fa ti gué se re po se sur la por te de sa ma su re. — La gon do le ra se l'on de a zu ré e du lac que ri de le sou ffle de Zé phi re. — Mon cou sin vi si te ra le quin ze un sa ge phi lo so phe qui a par cou ru l'A si e **— *Le plon geon ru sé man gea le gou jon. — Ro se a pe sé la to ison de son mouton. — L'â me ver tu eu se res te sou mi se à la loi de l'E gli se.***

QUATRIÈME LEÇON.

S = ss c ç t

MAÇON.

S	sa bre,	sor tir,	sé vè re.
*ss***	ta sse,	ca ssa,	boi sson.

** Entre deux voyelles.

	devant				
c		*e i*	cè dre,	ci té,	ci ca tri ce.
ç		*a o u*	ma çon,	pla ça,	re çu.
t		*ia iel ion*	mar tial,	par tiel,	ac tion.

Ce se ra sa me di qu'on cé lé bre ra la me sse nup tia le de la fi an cé e. — Le ma çon a e ffa cé l'ins crip tion sur la fa ça de de l'é di fi ce. — Ce tte ci ca tri ce d'u ne ble ssu re re çu e en fa ce de l'e nne mi a jou te à la di gni té de la fi gu re mar tia le de ce gé né ral.

La fa çon d'a gir de ce tte per so nne dé cè le l'é du ca tion qu'e lle a re çu e. — Un roi ma ni fes te sa pui ssan ce par sa sa ge sse, sa jus ti ce et sa mo dé ra tion. *Le ca ci que cap tif sol da sa ran çon. — La ca pu ci ne cou vre la sur fa ce de la fa ça de. — U ne bo nne ac tion e ffa ça le sou ve nir de son é tour de ri e.*

CINQUIÈME LEÇON.

É = er ez

É dé, bon té, vé ri té, sé vé ri té.
ér co cher, o ran ger, poi rier, man ger.
ez nez, chez, a ssez, li sez, ce ssez.
œ œ cu mé ni que, œ dè me, Œ di pe.

Le ber ger a dé ro bé u ne poi re sur le poirier du ver ger. — L'o ran ger fleu ri ra

POMPIER.

le cinq jan vier. — Le cui si nier va cher cher du gi bier sur le mar ché. — Venez avec moi chez le pâ ti ssier voi sin pour a che ter vo tre goû ter. — Ce ssez de jou er. — Pre nez vo tre plu me. — É cri vez la le çon. — Co rrigez, e ffa cez, a jou tez. — A llez a che ter du sou fre à la phar ma ci e voi si ne. — Me ttez le nez à la fe nê tre. — Mon trez un peu la tê te. — Que le pre mier re dou te de de ve nir le der nier. — Con sul tez le con ci le œ cu mé ni que.

On tra va ille a ssez à é le ver sa for tu ne, peu à cul ti ver son â me. — L'œ so pha ge for me le ca nal qui va de la bou che à l'es to mac.

SIXIÈME LEÇON.

È = es et est ai ei

È è re, pè re, fiè vre, fi dè le, sè ve.

es les, des, ces, mes, tes, ses.

et, est pou let, bou quet, pro jet, est.
ai dé lai, e ssai, lai ne, ai gle, air.
ei rei ne, sei ne, vei ne, ba lei ne.
e[*] de tte, na ce lle, bref, a mer.

PERROQUET.

Je cue ille rai ce tte fleur et je la join drai à la mie nne pour en fai re un bou quet. —Cet ai gle est ble ssé.—Son ai le sai gne et il a pei ne à vo ler. — Le mal fai teur traî ne a vec lui u ne chaîne pe san te. — Une nei ge é pai sse cou vre la plai ne. — La ba lei ne est re gar dé e co mme la rei ne de la mer. — J'ai é ga ré mon bil bo quet Ce tte par fai te a mi e s'est do nné la pei ne de ve nir me voir. — Voi là u ne be lle es pè ce de chie nne.— A ppre nez-moi quel est son maî tre.

L'E gli se co mman de d'u ne ma niè re ex presse d'a ller à la me sse le di man-che.—Que lle fa ta le nou ve lle a di ssi pé l'i vre sse de no tre fé li ci té.

* *Devant les doubles consonnes et dans les syllabes consonnantes.*

SEPTIÈME LEÇON.

O = au eau

O o bo le, Po lo gne, so le, pô le.
au au da ce, au teur, sau le, paume.
eau ba teau, ca deau, eau, peau.

BATEAU.

Eu = œu

Eu neu ve, a veu, veuf, neuf, peur.
œu œu vre, vœu, œuf, bœuf, sœur.

A l'œu vre ju gez l'ou vri er.— É cou tez, ô mon Dieu, le vœu du pri so nnier. — J'ai vu ce ma nœu vre gro ssier mal trai ter ce pau vre bœuf.—Le pou let de ta sœur est sor ti d'un œuf.

Le Sei gneur é cou te la pri è re et le vœu du pau vre qui sou ffre.— Gui llau me a cro qué la po mme.— Il jou e à la pau me près du dô me. — Le cha meau a pa ssé l'eau sur un ba teau.— O ffre ton au mô ne au bu reau de bien fai san ce.

Le tau reau mar che à la tê te du trou-peau. — E xau ce la de man de du pau vre. — Le bou cher au ra la peau du bœuf. — J'o bé i rai au maî tre du châ teau.

HUITIÈME LEÇON.

I = y

I ti ré, si gne, li re, es ti me.
y ty ran, cy gne, ly re, a no ny me.

Il = y

y no y er, mo y en, no y au, pa y er;
noi ier, moi ien, noi iau, pai ier.
e ssu y er, ro y au té, pa y san ne;
e ssui ier, roi iau té, pai i sa nne.

La cru au té du ty ran a livré au mar ty re la sœur de Paul. —Le cy gne ai me l'eau clai re du ba ssin du châ teau. — Vo y ez la sy mé tri e du gym na se. —La lo y au té est le mei lleur mo y en de fai re for tu ne. —La phy si que ex pli que le mys tè re de la for ma tion de la fou dre. — E ssu y ez le co lly re que le mé de cin a a ppli qué sur vo tre pau piè re. —L'a co ly te e ffra y é s'é loi gna du mar tyr. — Le pi lo te s'est no y é à un my ri a mè tre de la cô te.
La ly re du bar de cé lè bre la fê te de sa ro y a le maî tre sse. — Œ di pe a e ssa y é de de vi ner l'é nig me du sphinx.

NEUVIÈME LEÇON.

An = am en em. On = om. Un = um

An	*am*	lam pe,	cham bre,	tam bour.
	en	ven te,	sen sé,	ren du.
	em	trem blé,	tem ple,	em ploi.
On	*om*	om bre,	pom pe,	pro nom.
Un	*um*	un,	par fum,	dé fun te.

TAMBOUR.

La lam pe trem blan te di ssi pe à pei ne l'om bre du tem ple.—Si len ce : l'au dien ce co mmen ce.—Le tam bour m'em pê che d'en ten dre le ca pi tai ne qui co mman de. —Ce tte ro se em bau me la cham bre de son par fum. — Ren dez té moi gna ge à l'i nno cen ce de vo tre com pa gnon. L'em pe reur s'a van ce au mi lieu de la pom pe de son tri om phe.—On dis tri bu e en son nom à cha que com pa gni e u ne ré com pen se é cla tan te.

L'en fan ce est su je tte à la fai ble sse et à l'erreur.—La pru den ce con ser ve l'ai san ce. Fu yez la com pa gni e de l'im pi e.

DIXIÈME LEÇON.

In = im ym ain aim ein yn en

In lin, In de, Pin de, de ssin, le pin.
im lim be, im bu, sim ple, im po li, im pie.
ym thym, nym phe, tym pan, sym bo le, ty ran.
ain main, pro chain, ai rain, pa rrain, le pain.
aim le daim, un essaim, il a faim,

DAIM.

ein frein, de ssein, pein tre, cein tu re, le sein.
yn lynx, syn dic, syn taxe, syn thèse.
en Men tor. mo y en, ven dé en, chré tien, Eu ro p éen.

La rei ne est im pa tien te d'en ten dre la sym pho ni e de ce mu si cien qui a un nom eu ro pé en. — Un plai deur im po li a in te rrom pu le si len ce de l'au di en ce. — Le lis est le sym bo le de l'i nno cen ce. — L'e ssaim pre ssé par la faim bu ti ne le thym et le ser po let. — Ce tte sta tu e d'ai rain repré sen té une nym phe au bain. *Le cœur de l'im pi e est plein d'in jus ti ce et d'im pu den ce. — Mon cou sin a l'in ten tion*

de me vi si ter de main ma tin si le ciel est se rein. — Je res te in cer tain sur le de ssein qui l'a mè ne chez moi.

ONZIÈME LEÇON.

RÉCAPITULATION DES ÉQUIVALENTS.

ÉQUIVALENTS DES CONSONNES.

C *qu, k, ch* — Co quin, kios que, li chen, Pe kin.
G *gu* — Ga lè re, ba gue, gui de, gon do le.
J *g, ge,* — Ju ju be, plon geon, Gan ge, Geor ge.
Z *s* — Zi za ni e, ro se, zè le, ba se, a zur, me su re.
F *ph* — Fi gue, phos pho re, phil tre, pha re.
Iu *il, ll* — Feu ille, deuil, ver me ille, fa mi lle.
S *c ç, ss, t* — Sa tin, ci dre, fa çon, de ssin, mar tial.

ÉQUIVALENTS DES VOYELLES.

É *er, ez, œ* — Été, ro cher, li sez, œ dè me, poi rier.
È *es, et, est, ai, ei, e* — Pè res, mes, pro jet, il est, ba lai, vei ne, be lle, bref, a mer.
O *au, eau* — Lo to, Paul, ba teau, tau pe, oi seau.
E *œu* — Veu ve, vœu, cœur, bœuf, œuf.
I *y* — Civil, sy no ny me, fo y er, pa y se.
An *en, um, em,* — En fan ce, jam be, tem ple.
On *om* — Con te, tom be, trom pe, pom pe.
Un *um* — Dé fun te, hum ble, par fum.
In *yn, en, ain, ein, im, ym, aim* — Lin, syn dic, pa y en, plain te, pein tre, im bu, thym, faim, Py ré né en, I du mé en.

IVe CLASSE.

PREMIÈRE LEÇON.

LETTRES NULLES OU MUETTES.

L'ho mme,	le Rhô ne,	Es ther.	Ju dith.	*h*
L'a bus,	un gros tas,	sur pris.	re fus.	
La croix,	faux prix,	heu reux,	ja loux.	*x*
Un nid,	grand fond,	fé cond,	le bord.	*d*
L'é tang,	le sang,	le poing,	le seing.	*g*
Un loup,	beau coup,	le drap,	le champ.	*p*
Mon petit lit,	pe tit sot,	l'es prit,	le toit	*t*

GALOP.

Ta ten dre mè re	— Vos ten dres mè res	*s*
Le vrai Dieu	— les faux dieux	*x*
Un beau châ teau	— deux beaux châ teaux	*x*
Le grand rond	— les grands ronds	*ds*
Leur long é tang	— leurs longs étangs	*gs*
Un drap fin	— des draps fins	*ps*
Mon petit lit	— nos pe tits lits	*ts*

Tu chan tes — nous li sons — vous fai tes.
Tu vends — tu prends — tu tords — tu couds. *ds*
Il lit — e lle lut — il court — e lle sort. *t*
La sœur coud — le mar chand vend — il rend. *d*
Ils li sent — e lles lu rent — e lles sor tent. *nt*
Les sœurs cou sent — les vers ram pent. *nt*
Les sœurs cou saient — e lles ven draient. *ent*

DEUXIÈME LEÇON.

EXERCICES.

Je dé cou vris ce nid de per drix, dans le champ, tout près du grand bois. Bien tôt nous li rons dans la Bi ble l'his toi re d'A bra ham, de Jo seph, de Ruth, d'Es ther, de Ju dith; et puis ce lle de Jé sus-Christ. Les trois rois Ma ges, gui dés par u ne é toi le mys té ri eu se, qui ttè rent leur pays et vin rent du fond de l'O ri ent jus qu'à Beth lé em pour a do rer l'en fant Jé sus. Je veux tou-jours res pec ter mes vieux pa rents et me mon trer re co nnai ssant des soins qu'ils ont pris de mes pre miè res a nné es.

J'aime à en ten dre, au prin temps, les con certs har mo ni eux des oi seaux, les bruits loin tains des cas ca des, les jo y eux chants des la bou reurs et des ber gers. Les hor lo ges pu bli ques in di quent l'heu re aux ha bi tants des vi lles : ceux des champs la co nnai ssent d'a près le cours du so leil et des é toi les. Les sol dats cou ra geux ne crai gnent ni les tra vaux ni les com bats. Les ca nards qui ttaient les bords du Rhin et se ca-chaient dans les é tangs par mi les joncs.

TROISIÈME LEÇON.

SIGNES D'ORTHOGRAPHE, TRÉMA, H ASPIRÉ.

Accents.		*Aigu* ˊ, été; *grave* ˋ, père; *circonflexe* ^, tê te, a pô tre.				
Apostrophe.		L'é pi dor, qu'im por te? d'où-es-tu?				
h *muet.*		l'ha bit		l'her be		l'hor lo ge
		l'a bri		l'e rreur		l'or meau
h *aspiré.*		le ha mac		la her se		le ho y au
		le ba bil		la per te		le jo y au
V. c.	Ai	ain	au	oi	ou	gue
Tr.	Aï	aïn	aü	oï	oü	guë
h *as.*	A hi	a hin	a hu	o hi	o hu	
V. c.	Air	Lu cain	Paul	no ise	cou cou	figue
Tr.	Haïr	Caïn	Sa ül	Mo ï se	E o üs	cigu ë
h *as.*	Tra hir	ca hin	ba hut	pro hi be	co hu e	
Trait d'union.		Arc-en-ciel, coq-à-l'âne, viens-tu?				

Les bons éco liers haï ssent le men songe. E sa ü a i mi té la hai ne de Ca ïn. L'ar mée e tra hi e par son chef a mon tré un cou ra ge hé ro ï que. Vo tre a ï eul a su ppor té a vec cal me u ne dou leur ai gu ë et lon gue. La co hu e me pre ssait con tre la rou e. On fait la biè re a vec l'or ge et le hou blon. Le bû che ron a a ba ttu le hê tre a vec sa ha che. Qu'est de venu vo tre ca hier? Quelles souffran ces ai gu ës! oh l'ai ma ble na ï ve té!

QUATRIÈME LEÇON.

RÉCAPITULATION GÉNÉRALE.

ORDRE MÉTHODIQUE.

simples, *composées,*

VOYELLES : a e é è ê i o u — eu ou

Equivalents : *e œ ez, es, et, est y au eu — œu w*

— *er, ai, ei, ey eau*

Voyelles longues : *â ê î ô û — oû eû*

Voyelles nasales : an in — en on un

Equivalents : *am, em im, em yn om um*

en ain, ein, yn

Diphthongues voyelles : 1° oi oin ui uin — 2° ié iè ieu ien ion

3° io ia ian — 4° ué uè oué ouè oua ouan oui

simples, *composées,*

CONSONNES : b c d f g j l m n p r s t v z ch gn ill

Equivalents : *qu, ch ph gu g ç, c s il*

— *k ge ss, t ll*

Doubles cons. : bb, cc, dd, ff, gg, ll, mm, nn, pp, rr, ss, tt

Diphthongues cons. : bl cl fl gl pl sl vl br cr fr gr pr tr vr

x (cs gz) ct ps pt sb sp sc scr st str

Lettres muettes : h d g p t s x ds gs ps ts nt ent

ORDRE ALPHABÉTIQUE.

a b c d e f g h i j k l m n o p q r s t u v x y z

Signes d'orthographe : — ´ ` ^ ¨

Signes de ponctuation : . , : ; ?

Paris. — Imprimerie de E. DONNAUD, rue Cassette, 9.

OUVRAGES DU MÊME AUTEUR :

Livre ou Guide du maître, contenant les explications et les directions nécessaires aux maîtres pour l'usage de la méthode et son appropriation à la marche d'une école.

1 vol. grand in-8°; prix, broché. » 90

Exercices de lecture courante et de prononciation, présentant dans leur développement successif l'application des difficultés et des anomalies de la lecture et de la prononciation, et entremêlés de petites lectures instructives et amusantes.

Premiers exercices : Régles et exceptions générales.

1 vol. gr. in-18; prix, cart. » 50

Seconds exercices : Difficultés et anomalies.

1 vol. gr. in-18; prix, cart. » 80

Choix de Lectures graduées pour les écoles primaires, proportionnées à l'âge et au degré de l'intelligence des enfants, et propres à piquer leur intérêt, à meubler leur esprit de connaissances utiles, à former leur jugement et leur cœur.

1 vol. grand in-18; prix, cart. » 80

Cours de style et de composition, à l'usage des élèves qui n'étudient pas les langues anciennes.

Exemples, préceptes, exercices et devoirs. 1 vol. in-18. 1 60

Étude sur la signification des mots et la propriété de l'expression, ou cours complémentaire de grammaire et de langue française.

Livre du maître. 1 vol. grand in 18; prix, cart. 2 50

Livre de l'élève. 1 vol gr. in-18; prix, cart. 1 50

Paris. — Imprimerie de E. Donnaud, rue Cassette, 9.

www.ingramcontent.com/pod-product-compliance
Ingram Content Group UK Ltd.
Pitfield, Milton Keynes, MK11 3LW, UK
UKHW020359220726
13923UKWH00004B/1661